꼭꼭 씹어 먹는 국어

4 설명하는 글 맛있게 먹기

※ 2022년 개정 국어 교과 연계 ※

1학년 1학기 6단원	알맞은 낱말 찾기
1학년 2학기 7단원	설명하는 글 읽기
2학년 1학기 6단원	글을 읽고 중요한 내용 찾기
2학년 2학기 3단원	설명하는 글 쓰는 방법 알기
3학년 1학기 2단원	짜임새 있는 문단 쓰기
3학년 1학기 4단원	중요한 내용 파악하기
3학년 2학기 3단원	순서나 방법을 설명하는 글 쓰기
3학년 2학기 5단원	국어사전 활용하기
4학년 1학기 4단원	중심 생각 파악하며 읽기
4학년 2학기 4단원	설명과 묘사의 특징 파악하며 읽기

문해력 키우기

꼭꼭 씹어 먹는 국어

4

설명하는 글 맛있게 먹기

글 박현숙

그림 박기종

Specialbooks Junior
특서주니어

차례

동화 작가 박현숙의 문해력 키우기

엄마 머리, 아들 머리

우당탕탕.

집 안이 떠나갈 듯 요란한 소리가 났다. 이건 설거지가 아니라 겁주기다. 엄마는 헹궈 낸 접시들을 건조대에 던지다시피 했다.

"깨지면 어쩌려고."

아빠가 엄마 눈치를 보며 들릴 듯 말 듯 말했다.

"안 가면 안 될까?"

엄마가 아빠를 힐끗 바라봤다. 진짜 진짜 가기 싫은 표정이었다.

"가야지."

아빠는 여전히 엄마 눈치를 보며 말했다.

"아휴. 이번에도 황이 엄마가 황이 자랑을 엄청나게 할 텐데, 그 자랑을 어떻게 듣는담. 제사 때마다 스트레스야."

엄마는 말을 하며 나를 힐끗 바라봤다. 나는 얼른 엄마 눈을 피했다. 황이 엄마는 둘째 작은엄마고 황이는 나와 사촌이다. 엄마만 스트레스를 받는 게 아니라 나도 스트레스를 받기는 마찬가지다.

"좀 잘하면 얼마나 좋아?"

엄마 목소리가 커졌다. 나도 그러고 싶다. 뭐든 다 잘하고 싶다. 특히 공부는 황이보다 훨씬 잘하고 싶다. 하지만 세상에는 마음대로 안 되는 게 있다.

우리 할머니 제사는 여름방학 때 있다. 그날에는 전국에 흩어져 사는 친척들이 모두 모인다. 요즘은 제사를 지내지 않는 집들이 많다고 하는데 우리 집은 아니다. 요즘은 아이들을 낳지 않아 문제라고 하는데, 우리 집안은 고모도 많고 삼촌도 많다. 내 또래 사촌들도 많다.

할아버지는 초등학교 교장 선생님이었다. 그래서 그

런지 손자와 손녀들 공부에 관심이 엄청 많다. 지난해 겨울방학 때부터는 시골에 사는 할아버지가 몇 명을 골라 방학이 끝날 때까지 뭔가를 가르쳤다.

"착하고 예쁜 손자와 손녀만 남게 하는 거야. 맛있는 것도 만들어 주고 재미있는 놀이도 같이 하려고."

할아버지는 이렇게 말하지만 절대 아니다. 누가 봐도 공부를 못하는 아이들만 남았다.

"하여간 황이 엄마 얄미운 건 세계에서 일등일 거야. 입만 열면 황이 자랑이거든. 곧 중학교 선행을 할 거라

고 전화로도 얼마나 자랑을 하던지. 아휴, 귀 막고 싶은 걸 간신히 참았어. 지금 황이가 몇 학년인데 벌써 중학교 선행이야? 직접 만나면 오죽할까."

달그락 챙챙!

냄비가 요란한 소리를 내며 떨어졌다. 찌그러지지 않은 게 다행이었다. 엄마는 설거지하는 내내 그릇을 못

살게 굴었다. 설거지를 끝낸 엄마가 청소를 시작했다.

"청소는 다녀와서 해도 되잖아. 너무 늦어질 거 같은데."

아빠는 여전히 엄마 눈치를 봤다. 빨리 가자는 말을 못했다. 청소까지 모두 마치고 출발하는 바람에 오후 늦게 할아버지 댁에 도착했다.

대문 앞에 차를 세우자 하필이면 제일 얄미운 둘째 작은엄마인 황이 엄마가 나왔다.

"늦으셨네요. 동이야. 가게 가서 간장 좀 사 올 수 있어?"

둘째 작은엄마는 나를 보자마자 말했다.

"황이 시키지 그래? 동이는 차 타고 오느라고 피곤한데."

엄마가 얼굴을 찡그렸다.

"우리 황이는 지금 공부하고 있거든요. 이번에도 학원에서 일등했어요. 동이는 지금 딱히 할 일도 없잖아요."

"우리 동이가 왜 할 일이 없어? 동이도 공부해야지."

엄마는 대문 안으로 나를 밀어 넣었다. 마루에는 작

은엄마들과 고모들이 앉아 전을 부치고 있었다.

"맛있겠다."

고소한 전 냄새에 홀려 나도 모르게 전을 집어 먹었다.

"제사 음식을 덥석 집어 먹으면 어째. 손도 안 씻고."

큰고모가 내 손을 내쳤다.

"전 하나 집어 먹었다고 뭘 그러세요!"

엄마 얼굴이 벌게졌다.

"왜 화를 내고 그래? 제사 음식을 덥석 집어 먹으니까 그렇지. 아무리 먹을 걸 좋아해도, 가려 가면서 집어 먹어야지."

큰고모가 당연한 듯 말했다.

"크크크. 동이는 먹을 것만 좋아해."

그때 저만큼에서 황이가 배를 잡고 웃으며 말했다. 억울했다! 나는 먹을 것 말고도 좋아하는 게 많다.

"동이 너도 가서 공부해."

엄마가 화를 냈다. 가만 보니 엄마 눈에 눈물이 그렁그렁했다. 공부할 책도 안 가지고 왔는데 무슨 공부를 한담. 하지만 그런 말을 할 상황이 아니었다. 나는 슬그머니 방으로 들어갔다. 그리고 빈방에 누워 있다 잠이 들었다. 일어났을 때는 이미 밤이었다.

밤 9시쯤 제사를 지냈다.

"요즘은 가족이나 친척이 다 모이면 일찍 제사를 지내서 참 좋아. 예전에는 꼭 밤 12시에 지내서 집에 가면 새벽이었거든."

큰고모는 내년에는 좀 더 일찍 지냈으면 좋겠다는 말도 했다.

"빨리 먹어. 집에 가야지."

제사를 지내고 비빔밥을 먹는데 엄마가 자꾸 내 옆

구리를 찌르며 재촉했다.

"이번 여름방학에는 동이와 권이 그리고 민지가 남아서 나와 재미있게 공부할 거다."

쿵! 나는 할아버지 말에 머리를 쥐어박힌 듯 충격을 받았다.

"예에?"

"갑자기 그러시면……."

엄마와 셋째 작은엄마인 민지 엄마가 동시에 말했다.

"지난 겨울방학 때부터 시작했고 이번 여름방학에도 그렇게 할 거라고 미리 말했었잖니."

"할아버지. 저는 지난 겨울방학에도 했는데요. 겨울방학 내내 명심보감을 배우느라고 얼마나 힘들었는데요. 이번에는 빼 주세요. 저는 이번 방학에 엄청 바빠요."

권이가 손을 번쩍 들며 말했다.

"이번 방학에는 명심보감 같은 거 안 한다. 이번에는 공부 잘하는 방법을 가르쳐 주려고 한다. 학원 시험 같은 거 보면 1등 할 수 있는 방법."

할아버지가 '1등'이라는 말에 힘을 주었다.

"아휴, 잘 가르친다는 학원이 있어서 여름방학에 거길 보내려고 했는데."

"나도 그러려고 했는데."

엄마와 셋째 작은엄마인 민지 엄마가 서로를 마주보며 한숨을 쉬었다. '1등' 이라는 할아버지 말을 못 믿는 눈치였다. 하긴 그걸 믿을 사람은 여기에 아무도 없을 거다. 나와 권이 그리고 민지는 공부하고는 거리가 먼 아이들이다. 방학 동안이 아니라 백 년을 공부해도 불가능한 일이다.

"방학이 끝나기 사흘 전에 데리러 와라. 자, 다 먹었으면 세 명만 남기고 더 늦기 전에 해산!"

할아버지가 숟가락을 놓으며 말했다.

"아버님. 우리 동이 입을 옷이랑 책, 공책 이런 걸 하나도 안 갖고 왔는데요. 이번에는 동이 빼 주세요."

"택배로 보내라."

할아버지가 딱 잘라 말했다.

특별한 학교, 특별한 선생님

"이번 여름방학에는 특별한 학교가 문을 연다."

아침을 먹고 나서 할아버지는 나와 권이, 민지를 마루에 앉히고 진지한 표정으로 말했다.

"학교요? 방학인데 무슨 학교요? 저는 학교 별로 안 좋아해요."

민지가 고개를 절레절레 저었다.

"이름 그대로 특별한 학교야. 아주아주 재미있을 거다. 오늘부터 특별한 학교에서 너희를 가르칠 특별한 선생님이 오실 거야."

할아버지 말이 끝나기 무섭게 빨간 차 한 대가 대문 앞에 멈췄다. 차에서 내리는 사람을 보는 순간, 나와 권이 그리고 민지는 약속이나 한 듯 동시에 눈이 휘둥그레졌다. 차에서 내린 사람은 처음 보는 할머니였다. 부러질 듯 말 듯 아슬아슬한 뾰족 구두에 몸에 쫙 달라붙는 원피스를 입은 할머니는 화장도 진했다.

"누구예요?"

권이가 물었다.

"할아버지 여자 친구인가 봐."

할아버지가 대답하기도 전에 민지가 말했다.

"에이, 설마. 할아버지들도 여자 친구 사귀냐?"

권이는 고개를 절레절레 저었다.

"야. 너는 뭘 몰라도 한참 모른다. 우리 아파트 10층에 사는 할아버지는 여자 친구가 열 명도 넘는 걸."

"진짜?"

민지와 권이는 서로 옆구리를 찔러 가며 떠들었다.

"조용! 선생님께 인사드려라. 아랫마을에 사시는데 10년 전까지는 아주 유명한 신문 기자셨지. 지금은 읍내에 있는 작은 도서관에서 봉사하고 계셔. 자, 환영의 뜻

으로 손바닥에 불이 나도록 박수!"

할아버지가 두 손을 높이 쳐들고 박수를 쳤다. 권이와 민지가 할아버지를 따라 박수를 쳤다.

"왜 저 할머니가 우리를 가르쳐요? 공짜로 가르쳐 줘요? 혹시 할아버지가 수고비를 주시는 거예요?"

내 말에 권이와 민지가 손뼉 치는 걸 멈췄다.

"수고비는 무슨. 공짜 맞아, 공짜."

"우리 엄마가 세상에 공짜는 없다고 그랬거든요. 혹시……."

민지가 턱을 치켜 들고 눈을 반짝였다.

"아이를 사랑하는 마음으로 가르치는 거지. 그런 거까지는 알 필요 없다. 그럼, 알 필요 없지. 그런 건 할아버지가 다 알아서 하는 거니까."

할아버지 얼굴이 벌게졌다. 그러자 특별한 선생님이라는 할머니 얼굴도 덩달아 벌게졌다. 무슨 비밀이 있는 게 분명했다.

"이거 받아라. 테스트를 해야 하니까."

할머니가 서둘러 책을 한 권씩 나눠 줬다. 책이라면 딱 질색인데, 보자마자 책을 나눠 주다니. 『동물과 어울려 살기』라는 책이었다. 제목부터 재미없었다.

"이 정도 두께의 책은 누워서 떡 먹기로 읽을 수 있겠지? 이 책을 읽고 난 후에 내용을 말해 보는 거야."

누워서 떡 먹기는 절대 쉬운 일이 아니다. 얼굴에 고물도 흘리고 목도 막힌다.

나와 권이 그리고 민지는 마루에 앉아 책을 읽기 시작했다. 한 장만 읽었는데 자꾸 몸이 뒤틀렸다. 하품도 계속 났다.

"재미있다. 와, 진짜 재미있어."

민지가 호들갑을 떨었다. 재미있다고? 믿을 수 없었다.

"재미있기는 뭐가 재미있어? 너, 솔직히 말해 봐. 일부러 그러는 거지?"

"일부러 그러는 거 아니거든. 나는 원래 동물을 좋아해서 동물이 나오는 건 뭐든 좋아한단 말이야."

민지가 눈을 치켜뜨며 말했다.

"야. 조용히 좀 해. 너희 둘이 떠드니까 읽은 내용을 자꾸 잊어버리잖아."

권이가 화를 냈다. 별꼴이었다. 언제부터 그렇게 책을 열심히 읽었다고.

"가만! 앞에 뭐라고 쓰여 있었더라?"

권이는 엉덩이를 비비적거리고 다리를 흔들며 자꾸 책을 뒤적거렸다.

나와 권이 그리고 민지가 책을 읽는 동안 할아버지와 할머니는 그늘진 마당 수돗가에 앉아 있었다. 무슨 재미있는 이야기라도 나누는지 큰소리로 웃었다.

"이상하지?"

민지가 할아버지와 할머니를 한 번씩 힐끗거리며 물었다

"분명 이상해."

권이가 말했다.

"둘이 비밀이 있어."

나도 한마디 했다.

공부 못하는 이유

"민지가 먼저 내용을 얘기해 봐라."

"예에? 제가요?"

할머니 말에 민지는 깜짝 놀라 벌떡 일어났다. 민지는 내용을 얼른 말하지 못하고 입술을 오물거렸다.

"재미있다더니."

나는 피식 웃었다.

"그럼 권이가 이야기해 볼까?"

할머니가 권이를 보고 다정하게 웃었다. 권이는 책을 이리저리 넘겨볼 뿐 대답하지 못했다.

"저는 무슨 말인지 하나도 모르겠어요. 재미있는 이야기 책을 주시지, 왜 이렇게 어려운 말만 잔뜩 늘어놓은 재미없는 책을 주셨어요?"

나는 할머니가 내 이름을 부르기 전에 벌떡 일어나 볼멘소리를 했다.

할머니 표정이 심각하게 변했다. 할머니는 나와 민지 그리고 권이에게 이것저것 물었다.

"너희 셋이 왜 공부를 못하는지 이제야 알겠다."

할머니 말에 나와 권이, 민지는 동시에 할아버지를 바라봤다.

"할아버지가 우리 흉보셨어요?"

나는 입을 불룩 내밀었다. 할아버지는 대답 대신 큼큼, 헛기침을 했다.

"권이와 민지는 3학년이고 동이는 4학년이지? 과학과 사회 과목이 있어서 공부가 어렵다고 느끼기 쉬운 시기야. 과학과 사회 교과서는 대부분 설명하는 글이거든."

"맞아요. 진짜 재미없고 어려워요. 국어에도 설명하는 글이 나와요. 동화와 동시가 나오면 그런대로 재미있는데 설명하는 글이 나오면 읽을 때마다 하품 나고 딴생각이 나요. 졸기도 하고요."

권이가 말했다. 나도 똑같았다.

"저런, 졸다가 선생님께 야단도 맞겠구나?"

"당연하지요."

"학원에서는 더 해요. 학원에서 수업 시간에 졸면, 그러니까 시험 점수가 엉망이라는 말도 들어요. 자존심 상하게. 공부를 못하는 건 자존심 상하고 억울한 일이에요."

민지는 울먹이기까지 했다.

····

호호호

"민지 말이 맞아요. 공부를 못하면 억울하고 자존심 상해요. 어제 제가 할아버지 댁에 도착하자마자 둘째 작은엄마가 저한테 심부름을 시키려고 하셨거든요. 둘째 작은엄마 아들인 황이는 공부한다면서요. 공부 못한다고 심부름을 다 하라는 법은 없잖아요."

나도 어제 일이 떠올랐다.

"중요한 건 공부 못한다, 공부 못한다, 이런 말을 자꾸 들으면 더 공부하기 싫어진다는 거예요. 꼭 청개구리처럼요."

"맞아요."

권이 말에 나와 민지가 맞장구쳤다.

"호호호, 할머니도 어렸을 때 그랬단다. 공부 잘해서 칭찬도 받고 싶고 어른들 앞에서 큰소리도 치고 싶지?"

할머니 눈이 반짝 빛났다. 나와 권이, 민지는 고개를 끄덕였다.

"설명하는 글을 잘 읽으면 공부를 잘할 수 있단다. 설명하는 글은 어떤 사실을 알기 쉽게 풀어 쓴 글이야. 한

마디로 지식과 정보를 전달하는 글이지. 설명하는 글을 읽으면 이전에 몰랐던 내용을 알 수 있어서 좋아. 설명하는 글을 효과적으로 읽고 이해할 수 있으면 교과서 공부도 누워서 떡 먹기야. 그러면 당연히 공부를 잘하게 되겠지."

할머니는 힘주어 말했다. 공부를 잘할 수 있다는 말에 심장이 콩콩 뛰었다. 그런데 과연 그게 가능할까?

"공부 잘하면 좋지요, 진짜로요."

권이가 두 손을 모아 쥐고 간절한 눈빛으로 말했다.

"날 믿어 보렴. 일단 읽기 능력을 테스트한 결과부터 알려 줄게."

읽기 능력 테스트 결과

1. 무슨 내용인지 설명하지 못하는 민지- 의미를 모르고 대충 읽었다.
2. 내용 이해가 안 되는 동이- 어휘력과 배경지식이 부족하다.
3. 앞 내용을 자꾸 잊어버리는 권이- 집중력이 부족하다.

"맞아요, 할머니. 엄마도 저처럼 집중력이 부족한 아이는 세상에 둘도 없을 거라고 하셨어요. 그래서 저 때문에 속 터진대요."

권이가 어깨를 펴며 말했다.

"그게 자랑이냐?"

민지가 권이를 한심하다는 듯 바라봤다.

"이번 여름방학에는 읽기 능력을 키울 거야. 그래서 '설명하는 글, 내 편 만들기' 작전을 펼치도록 할 거다. 공부를 잘하기 위한 작전이기도 하지."

할머니가 말했다. 자꾸만 공부를 잘할 수 있게 해 준다고 하는데 과연! 과연! 가능할까? 자꾸 의심이 갔다.

설명하는 글 야금야금 씹어 먹기

"이 책을 읽자."

할머니가 『우리 땅, 독도의 모든 것』이라는 책을 나눠 줬다.

"무엇을 설명하는지 생각하면서 글을 읽어 보자."

"할머니. 첫 수업인데 오늘만 재미있는 거 하면 안 되나요?"

민지가 책을 넘겨 보더니 얼굴을 찡그렸다.

"이번 여름방학 작전이 '설명하는 글, 내 편 만들기'라고 했지? 공부 잘하기 작전 말이다. 잊었어?"

"아니요."

내가 소리쳤다. 할아버지와 할머니가 빙그레 웃었다.

우리 땅, 독도의 모든 것

"민지부터 책을 소리 내어 읽어 볼까?"

할머니가 민지를 바라봤다.

"귀찮아요, 할머니. 제가 유치원생도 아니고 일이 학년도 아닌데 소리 내어 책을 읽어야 해요?"

읽기 비법 노트

1. 글을 소리 내어 읽는다.
2. 한 문단씩 나누어서 읽는다.
3. 글 읽는 목적을 생각하며 읽는다.
4. 글을 읽으며 모르는 것이 있으면 큰소리로 질문한다.

"자, 여기에 적힌 대로 해 보렴. 그러면 어떤 글이든 제대로 읽을 수 있는 능력이 쑥쑥 자랄 거다."

할머니는 공책 한 권을 꺼내 펼쳤다. 공책 앞에는 '오순자'라고 쓰여 있었다.

"옳지, 이 부분을 소리 내어 크게 읽어 보자."

할머니는 책을 펼쳐 민지 앞에 내밀었다.

> 독도는 우리 나라 동쪽 끝에 있는 섬이야. 오징어로 유명한 섬, 울릉도에서 동남쪽으로 약 87.4킬로미터 떨어져 있고 경상북도 울진 죽변으로부터 동쪽으로 약 216.8킬로미터 떨어져 있지. 독도는 동해를 흐르는 난류와 한류가 만나는 곳 근처에 자리잡고 있어 다양한 물고기가 많이 잡혀. 일본에서는 독도를 자기네 땅이라고 우기는데, 삼국사기를 보면 신라의 이사부 장군이 독도가 속한 '우산국'을 정벌해 512년에 신라의 땅이 되었다고 적혀 있어.

민지는 또박또박 큰소리로 읽었다.

"아이고 잘 읽었다. 이 글에서 모르는 것을 큰소리로 질문해 보렴. 그러면 새롭게 알게 된 정보를 쉽게 잊지 않게 돼."

"큰소리로요? 알았어요. 할머니, 삼국사기가 뭐예요? 캐액."

민지는 너무 크게 말하나 캑캑거렸다.

"삼국사기는 고려시대에 김부식이라는 사람이 쓴 고

구려, 백제, 신라의 역사책이야."

할머니가 싱긋 웃으며 말했다.

"자, 이제 책도 읽었고 질문도 했으니 책 내용을 말해 볼까? 녹음할게."

할머니는 민지 앞으로 휴대폰을 내밀었다.

"녹음이요? 아, 녹음한다니까 떨려요."

민지는 목소리를 가다듬고 책 내용을 얘기했다. 가끔 생각이 나지 않는지 더듬거리고 갸웃거리기도 했지만 그런대로 성공이었다.

"와, 내 목소리를 내가 들으니까 좀 이상하다."

민지는 녹음한 걸 들으며 쑥스러워했다. 하지만 또박또박 말한 것이 자랑스럽고 기분이 좋았는지 계속 웃었다.

다음은 내 차례였다.

"아휴, 이거 되게 머리 아픈 책이에요."

나는 책을 읽기도 전에 엄살부터 부렸다. 솔직히 말하면 나는 이렇게 재미없는 책은 딱 질색이다.

"우리 동이에게 설명하는 글을 야금야금 맛나게 먹는 방법을 가르쳐 주마. 우선 글을 읽기 전에 제목을 보고 어떤 내용일지 짐작해 보는 거야. 그 다음 본격적으로 읽기 시작하는데, 비법이 있어."

"근데 할머니가 동이 보고 우리 동이래. 할머니하고 동이하고 무슨 관계야?"

권이가 엉뚱한 말을 했다. 권이 말에 할아버지가 공연히 헛기침을 했다. 귓불이 벌게져서 말이다.

"동이만 우리 동이가 아니라 권이와 민지도 마찬가지야. 우리 권이, 우리 민지."

할머니도 괜히 당황해했다. 할아버지와 할머니 사이에 무슨 비밀이 있는 게 분명했다.

"제목대로 이건 독도에 대해 설명하는 글이에요. 독도는 우리나라 섬이고 또……."

나는 독도에 대해 아는 게 별로 없었다. 섬이라는 것 밖에는. 나는 고개를 갸웃거리며 책장을 넘겼다. 지도도 그려져 있고 복잡했다. 머리가 지끈거렸다.

"읽으려는 글의 주제에 대해 아는 게 없으면 먼저 배경지식을 얻는 게 중요해. 인터넷을 찾아보는 것도 좋은 방법이지."

할머니와 나 그리고 권이와 민지는 컴퓨터가 있는 방으로 갔다. 할머니 말대로 인터넷에서 독도에 대해 찾아봤다. 독도가 어떤 섬인지 대충 알 수 있었다.

"어려운 낱말은 어떻게 해요? 낱말이 어려우면 잘 안 읽어져요."

독도에 대해 대충 알고 나서 책을 읽으려는데 한숨이 절로 나왔다. 내가 이렇게도 아는 게 없는지 스스로 생각해도 한심했다.

"낱말을 이해하지 못하면 책의 내용을 제대로 파악하기 힘들지. 어려운 낱말을 한꺼번에 다 알 수는 없단다. 내가 좋은 방법을 가르쳐 주마."

설명하는 글 읽기 비법 - 낱말의 뜻 알기

1. 책을 읽으며 모르는 낱말이 나오면 먼저 밑줄을 긋는다.
2. 앞 문장과 뒷 문장을 읽어 본 후 그 뜻을 짐작해 본다.
3. 사전을 찾아 정확한 뜻을 알아본다.

"이 글에서 동이가 어렵다고 생각하는 낱말은 뭐니?"

"난류와 한류요. 여기에 밑줄을 그을까요?"

나는 '난류'와 '한류'에 밑줄을 그었다.

"밑줄을 긋고 나면 다음에는 앞뒤 문장을 읽고 어떤 뜻일지 추측해 보자."

"바닷물이 흐르는 건데 그 종류가 난류와 한류라는 거 같아요."

나는 난류와 한류라는 낱말이 나오는 앞뒤 문장을 몇 번이나 읽고 나서 말했다.

"동이 네 짐작이 맞는지 낱말의 뜻을 찾아보자. 할머

나는 사전을 쓰는데 요즘에는 사전을 잘 쓰지 않지? 네 방법대로 찾아봐도 좋아."

나는 휴대폰으로 난류와 한류의 뜻을 찾아 정리해 보았다.

난류: 온도가 비교적 높고 따뜻한 바닷물의 흐름

한류: 온도가 비교적 낮고 차가운 바닷물의 흐름

"와. 제가 앞뒤 문장을 읽고 짐작한 게 아주 틀린 게 아니었어요."

나는 신이 나서 두 팔을 번쩍 들었다.

"그래그래. 그렇지? 시간이 걸리고 귀찮아도 이런 습관을 들이면 찾아본 낱말은 쉽게 잊혀지지 않아. 설명하는 글을 야금야금 씹어 먹을 수 있는 튼튼한 이가 생기는 거지. 낱말을 많이 알아야 글을 맛있게 먹을 수 있단다."

할머니 말에 나도 모르게 내 이를 만져 봤다. 정말 음식을 먹는 이처럼 설명하는 글을 먹는 이가 생길 수 있을까? 아주 튼튼한 이가 생겼으면 좋겠다. 그러면 어려운 책도 재미있게 읽을 수 있고 공부도 잘할 수 있을 거다.

"다음은 집중력이 부족한 권이."

"저는 밥 먹을 때는 집중 잘해요."

권이가 또 엉뚱한 말을 했다.

"호호호. 그래그래. 권이는 이렇게 해 봐. 내용을 쉽고 확실하게 파악하는 방법이야."

할머니가 목을 젖히고 웃었다.

설명하는 글 읽기 비법- 핵심 파악하기 1

1. 문단을 나누어 읽는다. 문단마다 제목을 붙여 주면 더 좋다.
2. 문단에서 말하려고 하는 중심 내용을 찾는다.
   - 문단이란? 여러 문장이 모여 하나의 내용을 담은 글 덩어리
   - 중심 내용이란? 문단 전체를 대표하는 내용

"문단은 말이다. 시작하는 문장이 한 칸 안으로 들어가 있어서 찾기 쉽단다. 자, 우선 문단에 제목 붙이기부터 해 볼까? 권이야. 아까 민지가 읽은 문단의 제목은 뭐라고 붙일까?"

권이는 글을 몇 번이나 읽고 또 읽었다.

"독도의 위치라고 하면 될 거 같아요."

"정확한 제목이야. 그럼 그 문단을 대표하는 내용인 중심 내용은 뭐라고 생각하니?"

"독도는 우리나라 동쪽 끝에 있는 섬이라는 내용 같아요."

"잘했다."

할머니가 손뼉을 쳤다. 권이 입이 헤벌쭉 벌어졌다.

과학도 사회도 맛있게 냠냠

며칠 동안 쉬지 않고 비가 내렸다. 하늘에서 폭포가 쏟아지는 거 같았다. 뉴스에서는 산사태가 난 곳이 계속 나왔다. 산사태가 나면서 흙더미가 집과 자동차를 덮쳤다.

"무섭다. 우리, 집에 가야 하는 거 아니냐? 설마 할아버지 집도 저렇게 되는 건 아니겠지?"

권이가 걱정했다.

"이 동네 뒷산은 숲이 무성해서 산사태를 막아 줄 거야."

할아버지는 너무 걱정하지 말라고 했다.

"비는 무섭기도 하지만 고마울 때도 있어. 그런데 너

무 신기하지 않니? 어떻게 하늘에서 비가 내리냐? 하늘에 거대한 물 창고가 있나?"

"하하하하하. 거대한 물 창고?"

할아버지가 웃으면서 책꽂이에서 책 한 권을 꺼냈다.

"이 책 『후드득 비가 내려요』를 읽어 보면 비가 어떻게 해서 내리게 되는지 알게 될 거다."

비는 구름으로부터 만들어 집니다. 비가 내리는 과정은 다음과 같아요. 바다나 강 등 지구 표면의 물이 데워지면 일부가 수증기가 되어 하늘 높이 올라갑니다. 하늘로 올라간 수증기가 찬 공기를 만나면 작은 물방울이 되고 한데 모여 구름을 이뤄요. 구름 속 작은 물방울이 서로 뭉쳐서 무거워지면 못 버티고 아래로 떨어집니다. 바로 비가 되어 내리는 겁니다. 아주 찬 공기에서는 구름이 작은 얼음 알갱이로 이루어지는데 작은 얼음 알갱이가 무거워져서 땅으로 떨어지다 녹으면 비가 돼요.

"민지야. 이 글을 읽고 새로 알게 된 사실은 뭐냐?"

할아버지가 방금 읽은 부분을 가리키며 물었다.

"구름 속에서 물방울끼리 뭉쳐 무거워지면 비가 되

우리 땅, 독도의 모든 것

어 내린다는 거요."

민지 목소리에 자신감이 넘쳤다.

"그렇지. 그럼 책의 내용을 확실하게 파악하기 위해서 어떤 방법으로 읽어야 하지?"

할아버지는 책을 좌르륵 펼쳤다. 지구 사진도 있고 화살표가 그려진 복잡한 그림도 있었다. 언뜻 봐도 어려울 거 같았다. 신이 나서 대답하던 민지가 목을 움츠렸다.

"저는 알겠어요."

권이가 손을 번쩍 들었다.

"아까 말씀하셨잖아요. 문단을 나누어 읽고 중심 내용도 찾아 보라고요."

권이 말에 할아버지와 할머니가 손뼉을 쳤다.

"잘 기억하고 있구나. 그렇게 하면 아무리 어려운 설명하는 글이라도 내용을 잘 파악할 수 있지. 하하하, 아주 잘하고 있어서 할아버지가 기분이 좋구나. 우리 시원한 수박을 먹으면서 할까?"

할아버지는 잘 익은 수박을 내왔다. 수박은 여름 과일 중에 대표 과일이다. 하지만 어쩐지 비 내리는 날에는 어울리지 않았다. 설명하는 글을 맛있게 읽고 있는 중인 권이와 민지도 수박에는 관심이 없었다.

"한 가지 더 중요한 것! 중심 내용을 찾으면서 세부

내용을 알아보는 게 좋아. 세부 내용이 뭐냐하면 중심 내용을 뒷받침하거나 예를 들어 자세히 설명해 주는 내용이지. 이 둘을 잘 구별해서 읽으면 설명하는 내용을 쉽게 이해하고 잘 정리할 수 있단다."

할아버지 말에 권이가 공책에 뭔가를 썼다.

*** 중심 내용**

- 비는 구름으로부터 만들어진다.

*** 세부 내용**

- 구름 속 작은 물방울이 서로 뭉쳐서 떨어지면 비가 된다.
- 구름 속 작은 얼음 알갱이가 무거워져서 떨어지다 녹으면 비가 된다.

"방금 읽은 부분의 중심 내용이랑 세부 내용을 써 봤어요. 맞는지 봐 주세요."

권이가 공책을 내밀었다.

"하하하. 권이가 천재가 되어 가는구나."

할아버지가 흐뭇한 표정으로 말했다.

"이렇게 읽으니까 설명하는 글이 머릿속에 팍팍 들어와요."

권이가 큰소리로 말했다.

설명하는 글 읽기 비법- 핵심 파악하기 2

1. 문단에서 말하려고 하는 중심 내용을 찾아 본다.
2. 중심 내용을 자세히 설명해 주는 세부 내용을 정리한다.

(참고) 중심 내용은 한 문단에 하나지만 세부 내용은 여러 개가 있다.

"그나저나 올해는 다른 해보다 비가 훨씬 더 많이 내리는 거 같아. 비 피해가 그만 났으면 좋겠는데."

할머니가 걱정이 되었는지 텔레비전을 다시 켰다.

"집이 저렇게 된 사람들은 이제 어떻게 해요?"

나는 걱정이 되어 물었다. 집은 중요하다. 집은 밥도 먹고 잠도 자고 가족과 함께 지내는 곳이다. 집이 없으면 진짜 큰일이다.

"그러게. 집은 먹을 것, 입을 것과 더불어 사람에게 가장 소중한 것인데 말이다."

할머니도 책꽂이에서 책을 한 권 찾아서 빼 왔다. 『세계의 튼튼한 집 짓기』라는 책이었다.

"이참에 집에 대해 설명하는 글을 읽어 볼까? 어디 보자. 아! 이 부분이 좋겠다."

집은 추위와 더위 그리고 위험으로부터 사람을 안전하게 지켜 준다. 집의 역할은 세계 어느 곳이라도 같다. 그러나 지역마다 집 모양은 다양하게 발전했다. 자연환경에 따라 집 짓는 방식이 다르기 때문이다. 예를 들면 추운 북극 지방의 이누이트족은 얼음과 눈을 쌓아 올려 이글루를 지었고 타이 사람들은 홍수가 날 때를 대비해 땅에 나무 기둥을 세우고 그 위에 집을 지었다. 또 계절에 따라 이동하는 몽골족은 쉽게 옮길 수 있는 천막집인 게르를 지었다.

"자, 이 글을 읽고 어떤 사실을 알 수 있니?"

할머니가 물었다.

"세계의 집들이 왜 다른지 그 이유를 알 수 있어요. 종류가 아주 다양해요."

민지가 대답했다. 지켜보던 할아버지 입가에 웃음이 번졌다.

"집의 역할은 추위와 더위 그리고 위험으로부터 사람을 보호해 주는 거에요. 처음 시작하는 부분에 나와 있어요."

권이도 질세라 큰소리로 말했다.

"집 모양이 다른 건 자연환경에 따라 집 짓는 방식이 다르기 때문이에요. 어떻게 다른지 글 밑에 집들 사진이랑 만드는 과정이 그림으로 나와 있어요."

나도 목소리를 높여 말했다.

"어? 다음 장에는 세계지도 위에 더운 나라랑 추운 나라를 표시해 놓았어요."

책을 넘겨 보던 민지가 말했다.

"그렇지. 지도가 많이 나오지? 사회와 과학에 관련된 책을 읽을 때는 지도와 그래프 보는 방법을 익혀 두면 좋단다. 그래프가 뭐냐하면 여러 가지 자료를 분석해서 그 변화를 한눈에 알아볼 수 있도록 나타낸 직선이나 곡선이야."

할머니가 천천히 말했다. 할머니는 어려운 말을 할 때면 천천히 말했다.

"동이와 권이 그리고 민지가 아주아주 적극적으로 책 이야기를 하니까 할아버지 기분이 완전 좋구나. 교과서 공부도 이렇게 하면 돼. 2학기에는 세 명 다 공부 잘하는 아이들로 변신할 거다."

할아버지가 활짝 웃었다. 변신이라는 말이 듣기 좋았다.

"마지막으로 한 가지 더 기억해 둘 게 있어."

설명하는 글 읽기 비법- 지식 저장하기

1. 설명하는 글을 읽고 새롭게 알게 된 정보를 적어 둔다.
2. 주제가 같은 다른 책을 찾아서 읽어 본다.

"이렇게 하면 그 정보가 영원히 잊히지 않고 내 지식이 된단다. 이제 먹을까?"

할머니 말에 할아버지가 잘 익은 수박을 집어 나와 권이 그리고 민지 손에 하나씩 쥐어 주었다. 비 내리는 날에 수박은 어울리지 않는다고 생각했는데 칭찬을 듣고 나서인지 수박이 엄청나게 맛있었다.

바보보다 못한 사람?

드디어 비가 그쳤다. 비가 그치자 찜통 더위가 찾아왔다. 가만히 있어도 땀이 줄줄 흘렀다. 선풍기에서도 뜨거운 바람이 나왔다. 마당에 있는 수돗가에서 물장난을 하고 있을 때였다. 웬 아저씨들이 대문 안으로 들어왔다.

"아이고, 에어컨이 이제 오는군. 그동안은 에어컨 없이도 살았지. 뒷산에서 시원한 바람이 불어 와서 한여름에도 더운 줄 몰랐거든. 그런데 해가 갈수록 지구온난화로 점점 더 더워지고 있어. 거기에다 너희들이 있어서 에어컨이 필요할 거 같아서 샀는데 많이 늦어졌네."

할아버지가 반갑게 아저씨들을 맞았다.

"에어컨은 원래 겨울에 사야 해요. 더워지면 그때서야

사람들이 약속이나 한 듯 에어컨을 사니까 배달이 늦어져요. 자, 이건 이렇게 하고 저건 저렇게 해요. 이건 이럴 때 쓰고 저건 저럴 때 쓰고요. 이제 시원한 바람이 나오지요?"

에어컨을 배달하는 아저씨들은 에어컨을 안방에 들여놓은 다음 설명했다. 무슨 소리인지 알아들을 수가 없었다.

"뭐라고요?"

할아버지도 못 알아듣기는 마찬가지인 거 같았다. 할아버지가 몇 번이나 되묻자 설명하던 아저씨는 들릴 듯 말 듯 한숨을 쉬었다. 요즘에도 가전제품에 대해 이렇게도 캄캄한 사람이 있나? 이런 눈빛으로 말이다. 아저씨는 몇 번이나 더 이건 이거다, 저건 저거다 설명했다. 하지만 할아버지는 여전히 잘 알아듣지 못하는 눈치였다.

"여기 사용 설명서입니다. 이걸 읽으면 어린아이라도 사용법에 대해 다 알 수 있지요."

아저씨는 '어린아이라도'라는 말에 힘을 팍팍 주며 말하면서 '제품 사용 설명서'를 할아버지에게 건네주었다. 만약 할아버지가 사용 설명서를 읽고 에어컨 사용법을 모르면 어린아이보다 못하다는 말 같았다.

"알겠습니다. 바쁘실 텐데 그만 가 보세요."

할아버지가 얼른 사용 설명서를 받아 들며 말했다.

"읽어 보고 어려우시면 전화 주세요."

아저씨는 언제나 친절히 전화를 받을 거라고 강조하며 돌아갔다.

"험험. 잘못하다가는 어린아이보다 못한 어른이라는 소리를 듣게 생겼군."

"호호호호호."

할아버지 말에 할머니가 큰소리로 웃었다.

"물건을 처음 작동 시킬 때는 설명서를 제대로 읽는 게 중요하죠. 설명서를 읽으면 빠르고 쉽게 할 수 있어요. 아까 그 아저씨 말대로 어린아이라도 말이에요. 제가 한번 볼까요?"

할머니는 할아버지가 들고 있는 설명서를 받아 들었다.

"설명서는 물건의 사용 방법이나 일의 순서를 알려 주는 글이니까 설명하는 글이라고 할 수 있단다. 자, 우리 같이 설명서를 읽으면서 에어컨 사용하는 방법을 알아보자."

할머니와 나 그리고 권이와 민지는 에어컨 앞에 앉

았다. 아저씨가 틀어 놓고 간 에어컨에서는 시원한 바람이 쏟아져 나왔다.

"설명서를 읽을 때는 글을 읽고 전체 순서를 머릿속에 그려 본 다음 순서를 큰 덩어리로 나눠야 해. 이 설명서를 보니 크게 '사용 전'과 '사용 중' 그리고 '사용 후에 알아야 할 사항'으로 나눌 수 있겠구나."

씽씽 에어컨 사용 설명서

* 사용 전에 알아야 할 사항(준비)
  안전을 위한 주의 사항, 에어컨 각 부분의 이름, 버튼, 기능 설명, 리모컨 사용 방법 등

* 사용 중에 알아야 할 사항
  온도 조절하는 방법, 바람 세기와 방향 조절하는 방법, 켜짐과 꺼짐(예약 방법)

* 사용 후에 알아야 할 사항
  필터 청소하는 방법, 사용하지 않을 때 보관하는 방법, 고장 서비스 요청 전 확인 사항 등

"큰 덩어리의 순서를 자세히 나눠 보자. 민지야, 온도를 낮추는 방법은 큰 덩어리 순서에서 어디에 들어가지?"

"사용 중에 알아야 할 사항이요."

"그렇지."

"천천히 읽어 보니까 정말로 어린이라도 다 알 수 있겠는데요? 아주 쉬워요. 할아버지도 아시겠죠?"

권이 말에 할아버지는 대답 대신 큼큼 헛기침을 했다.

"자, 그럼 에어컨을 일단 끄고 나서 설명서대로 켜짐 예약을 해 보자."

할머니는 신나게 돌아가는 에어컨을 향해 리모컨을 꾹 눌렀다. 에어컨이 소리를 뚝 멈췄다. 나와 권이 그리고 민지는 설명서를 꼼꼼히 읽었다. 나는 머릿속으로 순서를 생각했다.

"제가 예약하는 방법을 설명해 볼게요."

나는 손을 번쩍 들었다. 그리고 켜짐 예약 방법을 설명했다. 그런데 사용 설명서를 읽을 때는 다 알 수 있었는데 말로 하려니까 자꾸 막혔다.

"말로 하지 말고 설명서를 보고 동이 네가 직접해 보렴."

할머니가 말했다. 나는 설명서를 보고 그대로 따라 했다.

위잉!

10분 뒤, 내가 예약한 에어컨이 켜졌다.

씽씽 에어컨 켜짐 예약하기

1. 리모컨의 '예약' 버튼을 눌러 켜짐 예약 기능을 선택하세요.
2. 켜지기를 원하는 시각으로 맞추세요.
3. '확인' 버튼을 눌러 예약을 마치세요.

"설명서의 내용이 헷갈리면 읽으면서 직접 따라해 보면 된단다. 실제로 해 보면 이해하기 쉽거든. 이제 에어컨 사용 방법에 대해 모두 알았지?"

"예!"

나와 권이, 민지는 집이 떠나가도록 크게 대답했다.

"처음부터 사용 설명서처럼 차근차근 설명해 주면 좀 좋아. 숨도 쉬지 않고 빠르게 말하니 무슨 말인지 못 알아 듣지."

할아버지가 중얼거렸다. 할머니는 할아버지를 보며 싱긋 웃었다.

"이제 설명하는 글이 무섭지 않아요. 되게 재미있어요."

나는 진심으로 말했다.

공부왕 되다

"한 달 동안 고생한 선생님께 박수!"

할아버지 말에 나와 권이 그리고 민지는 손바닥에 불이 나도록 박수를 쳤다.

"고생 많았어요."

할아버지가 할머니 어깨에 손을 올렸다.

"내가 이럴 줄 알았어."

"나도."

민지와 권이가 동시에 말했다. 사실은 나도 이럴 줄 알았다.

"우리 할머니가 되어도 괜찮을 거 같아."

민지가 속삭였다. 민지 말에 권이가 엄지손가락을

치켜올렸다. 나는 엄지손가락과 검지손가락으로 동그라미를 만들어 보였다. 나도 그렇다는 뜻이다. 할머니가 우리 할머니가 되면 좋을 거 같았다. 할머니가 책을 맛있게 씹어 먹는 방법을 알려 줘서 그런 것만은 아니다. 할아버지도 할머니도 서로를 바라볼 때 눈빛이 다정했다. 그게 중요한 거다.

"궁금한 거나 물어보고 싶은 거 있으면 전화해."

할머니는 나와 권이, 민지에게 휴대폰 번호도 알려 줬다.

집으로 출발하는데 아쉬웠다. 빨리 다음 방학이 되었으면 좋겠다는 생각이 들었다.

"공부 좀 했니? 하기는 뭘 했겠어. 한 달 동안 신나게 놀았지?"

엄마는 집으로 오는 내내 같은 말을 하고 또 했다.

"신나긴 신났지."

이 말은 사실이다. 책을 읽는 게 신났었다.

"그럴 줄 알았어."

엄마는 실망하는 표정으로 말했다.

하지만 나는 집에 돌아온 뒤부터 할아버지와 할머니에게 배운대로 교과서의 설명하는 글을 읽었다. 어렵고 재미없다고 생각했었던 글들이 눈에 쏙쏙 들어왔다. 머리에도 쏙쏙 들어왔다. 나도 모르게 고개가 끄덕여졌다. 책 내용에 빠져 고개를 끄덕이는 건 세상에

태어나 처음 있는 일이었다.

"뭘 알고 그러는 거니?"

엄마는 내가 괜히 그러는 줄 아는 모양이었다. 나는 결심했다. 엄마를 진짜 놀라게 해 주기로.

방학이 끝나고 2학기가 되었다. 나는 수업 시간에 발표도 많이 했다. 특히 설명하는 글을 읽을 때면 손이

계속 올라갔다.

"동이가 방학 동안 공부를 아주 열심히 했구나."

나는 선생님에게 칭찬도 받았다. 내가 칭찬을 받자 아이들은 모두 놀라는 눈치였다.

"동이가 한번 말해 볼까?"

선생님이 내 이름을 부르는 횟수도 많아졌다. 예전에는 수업 시간에 선생님이 내 이름을 부르면 싫었다. 혹시라도 선생님과 눈이 마주칠까 봐 어깨를 움츠리는 일도 많았다. 그런데 이제는 아니다. 나는 선생님 눈에 띄기 위해 애쓴다.

공부가 이렇게 재미있을 줄이야!

여름방학에 '설명하는 글, 내 편 만들기'를 한 건 정말 잘한 일이었다. 설명하는 글은 씹으면 씹을수록 맛있었다. 더 맛있는 건 없나? 나는 또 씹어 먹을 게 없는지 찾아보기로 했다.

TOTORI

꼭꼭 씹어 먹는 국어 ④ 설명하는 글 맛있게 먹기

동화 작가 박현숙의
문해력 키우기

문해력 끌어올리는 핵심 노트!

설명하는 글이란?

설명하는 글이란 어떤 사실이나 대상, 방법 등을 다른 사람이 잘 이해하도록 차례대로 풀어서 설명하는 글을 말해요.

다시 말해 설명하는 글은 자신의 감정을 표현한 것이 아니라, 사실과 정보를 정확하고 알기 쉽게 전하는 글이에요.

설명하는 글은 교과서에만 나오는 특별한 글이 아니에요. 식물도감이나 백과사전의 글도 설명하는 글이에요. 보드게임 설명서, 제품 사용 설명서, 체험학습 안내장, 급식실이나 도서관 이용 규칙도 설명하는 글이랍니다. 레고 블록을 완성하려면 설명하는 글을 잘 읽어야 조립할 수 있어요. 라면 봉지에 적힌 라면 끓이는 방법도 설명하는 글이에요.

일상 속에서 우리가 설명해야 할 때도 많아요. 동생에게 게임 방법을 알려 주는 것도 설명하는 글과 같은 거예요. 술래잡기나 피구를 할 때도 새로운 규칙이 있다면 순서대로 설명해야 하지요.

설명하는 글을 잘 읽고 잘 쓰게 되면, 내 생각을 또렷하게 정리하고 다른 사람에게도 쉽고 정확하게 알려 줄 수 있답니다.

질문 있어요! - 설명하는 글 파헤치기

Q 설명하는 글을 읽으면 좋은 점이 있나요?

1. 전에는 몰랐던 새로운 사실을 알 수 있어요.
   - 설명하는 글을 읽으면 눈으로 볼 수 없었던 과정이나 이유를 알게 되어, 세상을 바라보는 눈이 넓어져요.
2. 궁금한 점에 대해 답을 알 수 있어요.
   - 설명하는 글을 보고 방법을 따라 하다 보면, 스스로

문제를 해결하는 능력을 키울 수 있어요.

3. 내가 이미 알고 있던 내용이 맞는지 확인할 수 있어요.

- 설명하는 글과 비교해 보면서 내 지식을 점검하고, 틀린 부분을 바로잡을 수 있어요.

설명하는 글, 잘 읽는 비법을 알려 주세요!

비법 1. 기초가 중요!

1. 무엇에 대해 설명하는지 생각하며 읽어요.
2. 이미 내가 알고 있는 내용과 새로운 내용을 살피며 읽어요.
3. 새로 알게 된 사실이 무엇인지 정리하고 기억해요.
   - 무엇에 대한 글인지 가볍게 살펴 본 다음 설명하는 게 무엇인지 생각하며 읽는 거예요.

* **설명하는 글을 읽기 전에** 글 제목을 보고, 함께 실린 그림과 사진을 훑어보며 내용을 짐작해 봐요. 예를 들어, 진흙으로 만든 그릇인 '옹기'에 대해 설명하는 글이

라면 제목과 옹기 사진을 보면서 '이 글은 항아리에 대해 설명하는 글'이라고 예측해 보는 거예요.

*** 낱말의 뜻을 모른다면?**

- 책을 읽으며 모르는 낱말이 나오면 먼저 밑줄을 그어요.
- 앞 문장과 뒷 문장을 읽어 본 후 그 뜻을 짐작해 봐요.
- 사전을 찾아 정확한 뜻을 알아봐요.

비법 2. 핵심 파악하기!

1. 문단을 나누어 읽어요. 문단마다 제목을 붙여 보면 더 좋아요.
2. 문단에서 말하려고 하는 중심 내용이 무엇인지 찾아요.
3. 중심 내용을 자세히 설명해 주는 세부 내용을 정리해요.
   - 글 내용을 잘 이해하려면 중심 내용이 무엇인지 잘

파악해야 해요.

* **문단이 뭐예요? 중심 내용과 세부 내용이 헷갈려요!**

- 문단은 긴 글을 내용에 따라 나눌 때, 하나하나의 짧은 이야기 토막이에요. 글은 여러 개의 문단으로 나누어 있어요. 문단은 처음 시작하는 부분을 한 칸 들여 써서 시작하기 때문에 찾기 쉬워요.
- 글에 마침표가 찍힌 글줄 하나가 한 문장이라면, 이 문장들이 모인 덩어리가 문단이에요.
- 문단은 문단 전체를 대표하는 '중심 내용'과 중심 내용에 대해 자세히 설명하는 내용인 '세부 내용'으로 이루어져 있어요. 일단 중심 내용부터 찾아 밑줄을 긋고 메모도 하며 읽으면, 설명하는 내용을 쉽게 이해하고 정리할 수 있어요.

비법 3. 지식 저장하기!

1. 설명하는 글을 읽고 새롭게 알게 된 정보를 적어 보세요.

- 중요한 낱말이나 문장을 짧게 메모해 두면 나중에 다시 볼 때 기억이 잘 나요.

2. 주제가 같은 다른 책을 찾아서 읽어 보세요.
   - 비슷한 주제를 다룬 글을 여러 개 읽으면, 지식이 더 풍부해지고 정확해져요.
   - 두 글을 비교하면서 같은 점과 다른 점을 찾아 보면, 내용을 더 깊이 이해할 수 있어요.

Q 설명서가 왜 중요한가요?

설명서는 물건을 만들거나 고치고 사용하는 방법을 알아야 할 때, 일의 순서를 알아야 할 때 꼭 필요해요. 조립식 장난감을 만들 때나 가전제품을 처음 사용할 때 설명서를 읽으면 일을 쉽고 빠르고 정확하게 할 수 있어요.

Q 설명서 읽는 방법이 따로 있나요?

1. 설명서를 읽은 다음 전체 순서를 머릿속에 떠올려 보세요.
2. 순서를 큰 덩어리로 나누어서 정리해 보세요.

3. 큰 덩어리의 순서를 더 자세하게 나누어 보세요.

4. 그림의 순서를 파악하고, 글 내용대로 직접 하나하나 따라 해 보면 쉬워요.
   - 잘난 척하느라 설명서를 안 읽으면 오히려 실수하기 쉽답니다.

Q 설명하는 글과 주장하는 글이 헷갈려요!

1. 설명하는 글은?

어떤 사실이나 대상, 방법 등을 다른 사람이 잘 이해하도록 차례대로 풀어서 설명하는 글이에요. 내 기분이나 감정을 드러내는 글이 아니라, 사실과 정보를 정확하고 알기 쉽게 알려 주는 글이지요.

2. 주장하는 글은?

어떤 일에 대해 자신의 의견을 내세우는 글이에요. 글쓴이가 옳다고 생각하는 주장을 말하고, 그게 왜 맞는지 이유와 근거를 들어 설명하지요. 주장하는 글을 읽을 때에는 글쓴이가 무엇을 주장하는지, 왜 그렇게 생각하는

지를 살펴보며 읽어야 해요. 이렇게 읽으면 글쓴이의 생각을 잘 파악할 수 있고, 글의 내용도 쉽게 이해할 수 있답니다.

실전 연습 - 설명하는 글, 내 편 만들기!

설명하는 글을 읽고, 제목을 적어 본 뒤 중심 내용을 찾아 보세요. 세부 내용을 통해 새롭게 알게 된 사실도 적어 보세요.

설명하는 글 1.

제목 ______________________

딸기는 활용도가 높은 과일입니다. 깨끗이 씻어 그대로 먹으면 달콤한 간식이 되고, 작게 잘라 케이크 위에 올리면 예쁘고 맛있는 딸기 케이크가 됩니다. 딸기를 우유와 함께 갈면 부드러운 딸기우유를 만들

수 있고, 설탕과 함께 끓이면 빵에 발라 먹는 딸기잼이 됩니다. 또 얼음과 함께 갈아 시원한 주스나 스무디로도 즐길 수 있습니다. 샐러드와 곁들여 먹을 수도 있습니다. 딸기는 이렇게 여러 가지 음식과 음료에 다양하게 활용되는 과일입니다.

중심 내용

새롭게 알게 된 사실

설명하는 글 2.

제목

겨울잠을 자는 동물은 추운 겨울을 깊은 잠을 자며 지내는 동물입니다. 이 동물들은 겨울이 되기 전에 미리 먹이를 많이 먹어 몸에 지방을 쌓아 두고, 따뜻한 굴이나 나무 구멍, 땅속 같은 안전한 곳을 찾아 들어갑니다. 겨울잠을 자는 동안에는 숨쉬는 속도와 심장 뛰는 속도가 아주 느려지고, 몸의 온도도 내려가서 거의 움직이지 않으면서 지낼 수 있습니다. 곰, 고슴도치, 다람쥐, 개구리, 뱀처럼 겨울에 먹이를 구하기 어렵거나 추위를 잘 견디기 어려운 동물들이 겨울잠을 자는 동물에 속합니다. 이렇게 겨울잠을 자는 동물들은 겨울 동안 에너지를 아끼고, 먹이가 부족한 시기를 안전하게 넘긴 뒤 따뜻한 봄이 되면 다시 깨어나 활동을 시작합니다.

중심 내용

새롭게 알게 된 사실

설명하는 글 3.

제목

태양계에는 태양을 중심으로 둥근 길을 돌면서 서로 다른 크기와 모습을 가진 여덟 개의 행성이 있습니다. 태양에서 가장 가까운 수성은 작고 바위로 이루어진 뜨거운 행성이며, 그다음에 있는 금성은 두꺼운 구름에 덮여 있어 표면 온도가 매우 높은 행성입니다. 우리가 살고 있는 지구는 물과 공기가 있어 생물이 살기 알맞은 행성이며, 그 바깥의 화성은 붉은 흙과 먼지 때문에 '붉은 행성'이라고 불립니다. 그 뒤에 있는 목성과 토성은 대부분 가스로 이루어진 아주 큰 행성으로, 특히 토성은 커다란 고리가 둘러져 있는 모습이 특징입니다. 가장 멀리 있는 천왕성과 해왕성은 차갑고 어두운 곳에서 태양 주위를 천천히 돌고 있습니다.

중심 내용

새롭게 알게 된 사실

우리가 살면서 정보를 얻는 방법은 많지만, 가장 대표적인 방법은 설명하는 글을 읽는 거예요. 새로운 내용을 찾아 읽는 재미를 알게 되면, 설명하는 글이 어렵지 않을 거예요. 새로운 내용을 찾아 맛있게 꼭꼭 씹어 먹어 보세요!

문해력 끌어올리는 토론 활동!

토론 주제를 놓고 함께 의견을 나눈 뒤, 앞에 나가 발표해 보세요.

토론 주제: 지구온난화에 대해 알아봅시다!

지구온난화는 지구의 평균 기온이 점점 높아지는 현상을 말합니다.
원래 지구에는 태양에서 온 열을 적당히 붙잡아 두는 온실가스가 있어요. 대표적으로 이산화탄소가 있는데, 이 가스가 너무 많아지면 마치 지구에 두꺼운 이불을 덮어 씌운 것처럼 열이 빠져나가지 못하고 점점 더워집니다. 자동차, 공장, 발전소에서 나오는 연기 등은 온실가스를 많이 만들어요.
지구온난화가 계속되면 북극과 남극의 얼음이 녹아 바닷물의 표면이 높아지고, 이상 기후가 자주 나타납니다. 어떤 곳은 비가 거의 오지 않아 가뭄이 심해지고, 어떤 곳은 비가 너무 많이 와서 홍수가 나기도 하지요. 여름은 더 뜨거워지고, 폭염 때문에 사람과 동물 모두 힘들어집니다.

이렇게 지구온난화는 지구 전체의 날씨와 바다, 동식물, 사람들의 생활에 큰 영향을 주는 중요한 환경 문제입니다.

1. 중심 내용에 밑줄을 긋고 적어 보세요.

2. 세부 내용을 정리해 보세요.

(1) 지구온난화의 원인

(2) 지구온난화의 결과

3. 다음 주제를 놓고 함께 토론해 보세요.

(1) 지구온난화를 막기 위해 우리가 할 수 있는 일은 무엇일까요?

(2) 온실가스를 줄이기 위해 우리는 무엇을 해야 할까요?

(3) 편리함을 위해 지금 사용하고 있는 물건을 조금 불편하더라도 줄여야 할까요?

문해력 끌어올리는 독후 활동!

1 동이 엄마가 제사에 가기 싫었던 이유는 무엇인가요?

2 여름방학에 할아버지 집에 남아서 공부하게 된 아이들을 모두 고르세요.

동이(　　) 황이(　　) 권이(　　) 민지(　　)

3 할아버지가 만든 '특별한 학교'에서 아이들을 가르치는 선생님은 누구인가요?

① 동네 초등학교 선생님

② 아랫마을에 사는 옛날 신문 기자 할머니

③ 학원 선생님

4 할머니가 정리해 준 '읽기 능력 테스트 결과'와 아이들을 알맞게 연결해 보세요. (27쪽 참고)

① 민지 •	• ㉠ 어휘력과 배경지식이 부족하다.
② 동이 •	• ㉡ 의미를 모르고 대충 읽었다.
③ 권이 •	• ㉢ 앞 내용을 자꾸 잊어버린다.

→ ①(　　　), ②(　　　), ③(　　　)

정답 **2** 동이, 권이, 민지/ **3** ②/ **4** ①-㉠, ②-㉡, ③-㉢

5 아래 보기에서 '설명하는 글 읽기 비법(기초)'에 들어가는 내용이 아닌 것을 고른 후, 바르게 고쳐 보세요. (35쪽 참고)

- 보기 -

① 무엇에 대해 설명하는지 생각하며 읽는다.

② 모르는 낱말이 나와도 그냥 넘어간다.

③ 새로 알게 된 사실을 정리하고 기억해 둔다.

정답(　　　　) ____________________

6 할머니가 가르쳐 준 설명하는 글 읽기 비법 중 '낱말의 뜻 알기'를 살펴보고, 내가 중요하다고 생각하는 점을 한 가지 골라 적어 보세요. (37쪽 참고)

7 동이가 '난류'와 '한류'라는 낱말의 뜻을 알기 위해 했던 일을 차례대로 써 보세요. (37~38쪽 참고)

① 앞뒤 문장을 읽어 보고 뜻을 짐작해 본다.

② 사전(휴대폰)을 찾아 정확한 뜻을 알아본다.

③ 모르는 낱말에 밑줄을 긋는다.

차례: (   ) → (   ) → (   )

8 권이가 배운 설명하는 글 읽기 비법 중에서 '핵심 파악하기 1'을 살펴보고, 문단을 읽을 때 해야 할 두 가지를 써 보세요. (40쪽 참고)

①

②

정답 **5** ②/ **7** ③→①→②

9 비가 어떻게 내리는지 설명한 글을 읽고 답해 보세요. (43쪽 참고)

(1) 중심 내용을 적어 보세요.

(2) 세부 내용에 들어갈 알맞은 내용을 보기에서 두 가지 고르세요.

- 보기 -

㉠ 구름 속 물방울이 서로 뭉쳐 떨어지면 비가 된다.

㉡ 비는 사람들을 시원하게 해 준다.

㉢ 얼음 알갱이가 떨어지다 녹으면 비가 된다.

( ), ( )

10 이야기에 나온 '에어컨 사용 설명서'도 설명하는 글입니다. 할머니가 큰 덩어리로 나누어 준 세 부분을 순서대로 써 보세요.

①

②

③

11 설명서를 읽을 때 할머니가 가르쳐 준 방법 중 한 가지를 골라 문장으로 써 보세요. (59쪽 참고)

12 이야기를 통해 새롭게 알게 된 '설명하는 글 읽기 비법'을 정리해 보세요.

정답 9 ㉠, ㉢

작가의 말

"동화 같은 글은 재미있게 읽을 수 있는데 설명하는 글은 재미없어요."

이렇게 말하는 친구들이 꽤 많을 거예요. 교과서를 읽을 때도 설명하는 글이 나오면 읽으면서 자꾸 딴 생각을 하게 되고 집중이 되지 않는다는 친구들도 많아요.

'설명하는 글'은 말 그대로 무언가를 설명하며 알려 주는 글이에요. 사실 우리는 매일매일 설명하는 글을 읽으며 살아간답니다.

신제품 라면이 나오면 끓이는 법을 읽어 봐야 하고, 조립해야 하는 장난감을 사면 조립하는 방법을 알려 주는 설명서를 읽어야 해요. 옷을 사도 옷에 대한 설명과 세탁법을 읽어야 하고요. 그것뿐인가요? 여행을 가면 여행지에 대한 설명을 듣거나 읽어야 하죠. 따지고 보면 우리는 설명하는 글과 떨어져서 세상을 살아갈 수 없어요. 우리는 설명하는 글을 통해 끊임없이 새로운 것을 알아 가고 배우고 있는 거예요. 설명하는 글을 통해 세상을 넓고 깊게 볼 수도 있는 거고요.

어때요? 설명하는 글은 정말 중요하죠? 그런데 솔직히 말하면 설명하는 글이 재미없는 건 맞아요. 긴 글을 읽을 때는 집중하기도 힘들고 무슨 말인지 파악하기도 어렵고요. 그래서 나는 이 책을 썼어요. 꼭 필요한 설명하는 글을 좀 더 쉽고 재미있게 읽는 방법이 필요하다고 생각했거든요.

이 책을 잘 읽어 보세요. 설명하는 글을 재미있게 읽으면 설명하는 글도 잘 쓸 수 있답니다. 모두 다 설명하는 글의 달인이 되길 바랄게요.

설명하는 글의 달인

동화 작가 박현숙

꼭꼭 씹어 먹는 국어
❹ 설명하는 글 맛있게 먹기

초판 1쇄 인쇄일 | 2025년 12월 16일
초판 1쇄 발행일 | 2025년 12월 30일

지은이 | 박현숙
그린이 | 박기종
펴낸이 | 사태희
편　집 | 박선규 · 책임편집 | 정현주
디자인 | 김경미
마케팅 | 장민영
제　작 | 이승욱 이대성

펴낸곳 특별한서재
출판등록 제2021-000322호
주소 08505 서울특별시 금천구 가산디지털2로 101 한라원앤원타워 B동 1503호
전화 02-3273-7878
팩스 0505-832-0042
e-mail info@specialbooks.co.kr

ISBN | 979-11-6703-126-6 (73700)

특서주니어는 (주)특별한서재의 아동 브랜드입니다.